國學特訓班

整理時間軸 跨領域讀 國學

錢斌、周國寶 著

五南圖書出版公司 印行

燦爛的文學作品是由文豪創造的
15 位頂級文豪，在本書中都有重點介紹
以下索引，方便你更快了解你喜愛的文豪

11	屈原 / 戰國 / 詩歌	
32	司馬相如 / 西漢 / 賦	
33	司馬遷 / 西漢 / 散文	
13	曹植 / 三國 / 詩歌、賦	
14	陶淵明 / 東晉 / 詩歌	
14	謝靈運 / 南朝 / 詩歌	
20	李白 / 唐代 / 詩歌	
21	杜甫 / 唐代 / 詩歌	
35	韓愈 / 唐代 / 散文	
36	蘇軾 / 宋代 / 詩歌、散文	
22	李清照 / 宋代 / 詩歌	
27	關漢卿 / 元代 / 詩歌、戲劇	
42	羅貫中 / 明代 / 小說	
53	湯顯祖 / 明代 / 戲劇	
49	曹雪芹 / 清代 / 小說	

目錄

- 06 導讀：汲取文學的營養
- **08 中國古典詩歌年表**
- 10 孔子整理《詩經》
- 11 屈原開創「楚辭」
- 12 漢樂府詩
- 13 建安詩歌
- 14 田園居士陶淵明
- 14 山水訪客謝靈運
- **16 專題：格律詩是怎麼來的**
- 18 唐詩
- **20 專題：豪情萬丈的李白**
- **21 專題：心繫蒼生的杜甫**
- 22 宋詞
- 24 宋詩
- 26 元散曲

- **28 中國古文年表**
- 30 先秦的敘事散文
- 31 諸子的說理散文
- 32 漢賦
- 33 兩漢史傳
- 34 唐宋散文
- **36 專題：文藝全才蘇軾**
- 38 桐城派古文
- **40 中國古典小說和戲劇年表**
- 42 歷史演義小說和《三國演義》
- 44 英雄傳奇小說和《水滸傳》
- 45 短篇小說的繁榮
- 46 神怪小說和《西遊記》
- 48 諷刺小說和《儒林外史》
- 49 世情小說和《紅樓夢》
- 50 元雜劇
- 52 明清傳奇
- **53 專題：劇作家湯顯祖**
- 54 附錄：收錄古詩文統計表

中國文學的大樹，根深葉茂，
滋養著一代又一代人的心田。

諷刺小說
世情小說
英雄傳奇小說
神怪小說
章回小說
地方戲
傳奇
南戲
雜劇
諸宮調
講經文
曲
詞
戲劇
騷賦
賦
近體詩
古體詩
詩歌
詩經
楚辭
民謠

神話

左傳　孟子

散文（記敘類）（說理類）

韻文

哲學

史學

小說　筆記小說　駢文　律賦　傳奇小說　話本小說　筆記小說　擬話本小說　章回小說

實用文　雜記文　論辯文　傳狀文　文告　奏議　書說　贈序　序跋　碑誌　贈序　哀祭　頌讚　箴銘

導讀 ※ 汲取文學的營養

文學是語言文字的藝術，既要有美感，也要有情感。

對社會而言，文學推動著人類文明的延續和發展，文化、思想、美學、史學等都依賴文學為載體，飽含各種營養。

對個人而言，文學可以陪伴我們更輕鬆地認識社會，發現真善美，進而認識自己，給自己力量。

對於青少年來說，閱讀文學作品，充分汲取營養，尤顯重要。一本好書能夠引起讀者的共鳴，能夠啟發讀者，甚至能夠改變一個讀者的命運。無論是精彩的故事，還是感人的抒情文，抑或是令人佩服得五體投地的論辯，讓人共鳴到魂牽夢縈的詩歌，有文學陪伴我們成長，未來的天空一定更廣闊。

文學的四種表現形式（體裁）

詩歌以精鍊而富有韻味的文字來表達感情；**散文**以自由的筆調來表達思想；**小說**主要透過敘事來表現社會生活；**戲劇**主要透過臺詞來表現故事情節。

中國古典文學基本吻合上述分類，而且有更加詳細的分類，比如散文和駢文、韻文一起統稱文。賦是介於詩和文之間的一種文體。

詩賦文規則對比　（●表示遵此規則，○表示無此規則）

規則		詩				賦	文		
	文體	古體詩	近體詩	詞	曲	賦	駢文	韻文	散文
音律	曲調	○	○	●	●	○	○	○	○
	押韻	●	●	●	●	●	○	●	○
	平仄	○	●	●	●	○	●	●	○
格式	對仗	○	●	●	●	○	●	●	○
	句長	五言七言	五言七言	長短句	長短句	四字六字	四字六字	多為四字	○
	字數	相對固定	固定	固定	可有襯字	○	○	○	○

文學的五種表達方式（寫法）

文學的表達方式是寫作的工具，包括 5 種。
① 記敘：包括順敘、倒敘、插敘、補敘和平敘。
② 描寫：包括白描、細描、襯托、烘托、渲（ㄒㄩㄢˋ）染、對比、情景交融等。
③ 說明：方法包括舉例子、分類別、列數字、作比較、列圖表、下定義、作詮釋、打比方、摹狀貌、引資料等。
④ 抒情：包括直抒胸臆（ㄧˋ）、借景抒情、觸景生情、詠物寓情、詠物言志、融情於事、融情於理等。
⑤ 議論：包括舉例論證、道理論證、比喻論證、對比論證等方式。

文學的眾多表現手法（筆法）

文學的表現手法可以渲染主題，有很多種，比如託物起興、託物言志、借景抒情、直抒胸臆、設置懸念、對比、象徵、用典、渲染等。

文學的眾多修辭手法（辭法）

文學的修辭手法可以增加文采，有很多種，比如比喻、擬人、誇飾、對偶、排比、反問、雙關、反語等。

中國古典詩歌年表

「詩」源於歌謠，在春秋戰國時期開始形成《詩經》和「楚辭」兩大詩歌源頭，並確定了「詩言志」的功能。唐代定型的格律詩增強了詩韻，再加上「詩骨」的追求帶動了唐詩的繁榮。後來，追求格式的靈活帶動了宋詞的蓬勃，元曲的興盛。數千年來，詩歌一直在「詩骨」和「詩韻」間不斷創新發展。

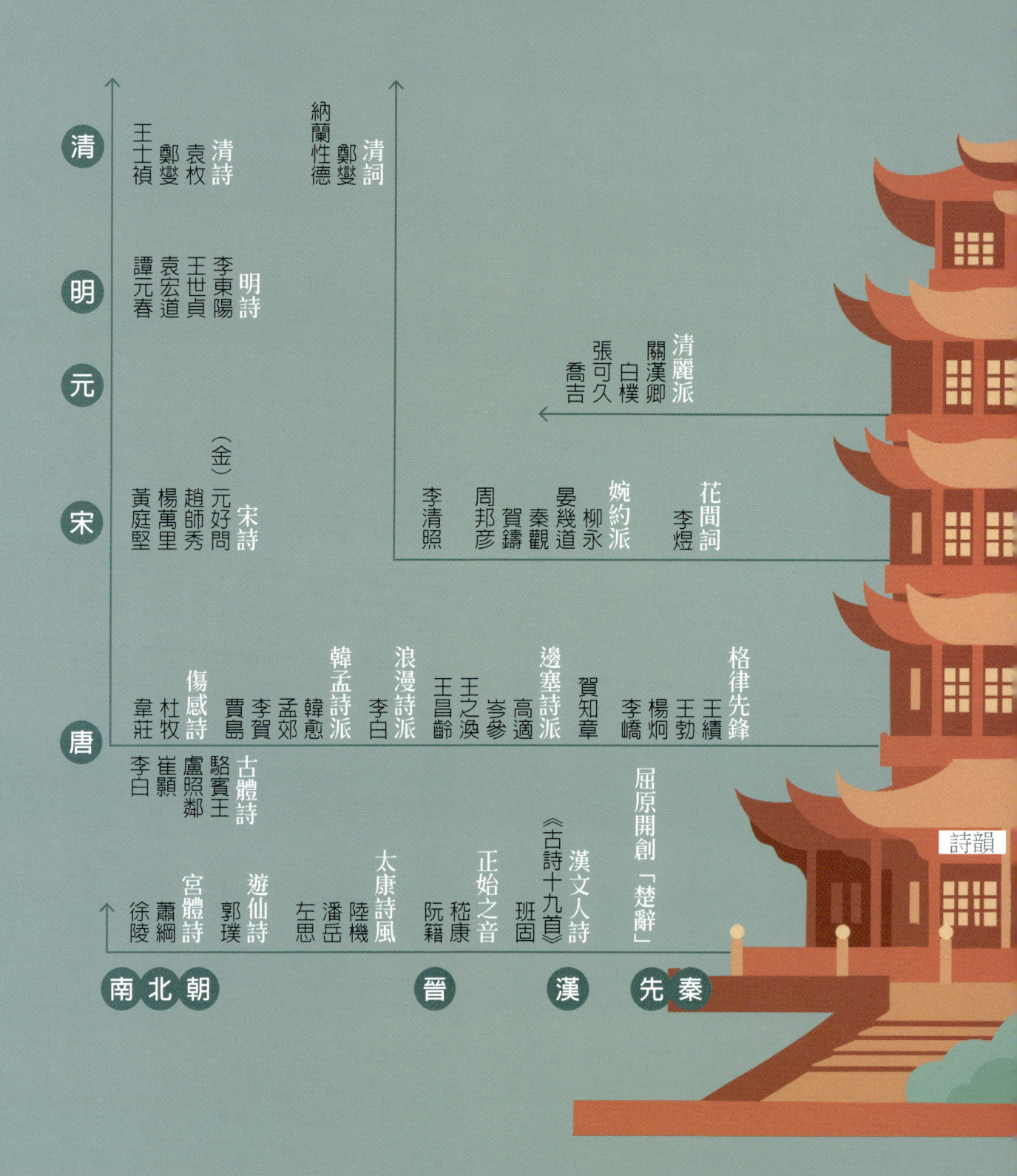

清：王士禎、鄭燮、袁枚　清詩；納蘭性德、鄭燮　清詞

明：譚元春、袁宏道、王世貞、李東陽　明詩

元：喬吉、張可久、關漢卿、白樸　清麗派

宋：黃庭堅、楊萬里、趙師秀、（金）元好問　宋詩；李清照、周邦彥、賀鑄、秦觀、晏幾道、柳永　婉約派；李煜　花間詞

唐：韋莊、杜牧、傷感詩、賈島、李賀、孟郊、韓愈　韓孟詩派；李白　浪漫詩派；王昌齡、王之渙、岑參、高適　邊塞詩派；賀知章、李嶠、楊炯、王勃、王績　格律先鋒；李白、崔顥、盧照鄰、駱賓王　古體詩

南北朝：徐陵、蕭綱　宮體詩；郭璞　遊仙詩

晉：左思、潘岳、陸機　太康詩風；阮籍、嵇康　正始之音

漢：班固、漢文人詩、《古詩十九首》

先秦：屈原開創「楚辭」

詩韻

※詩歌的分類

狹義的詩歌按音律講究，可分為古體詩（格律詩形成之前的詩）、近體詩（格律詩）、現代詩（白話詩）。
廣義的詩歌包括詞、散曲。

※小遊戲

崔顥：黃鶴一去不復返，白雲千載（ㄗㄞˇ）空悠悠。
李白：故人西辭黃鶴樓，煙花三月下揚州。
岳飛：卻歸來、再續漢陽遊，騎黃鶴。
張可久：黃鶴磯（ㄐㄧ）頭，白鷺汀（ㄊㄧㄥ）洲，煙水共悠悠。

請在下圖中找出以上4位寫過黃鶴樓的詩人。

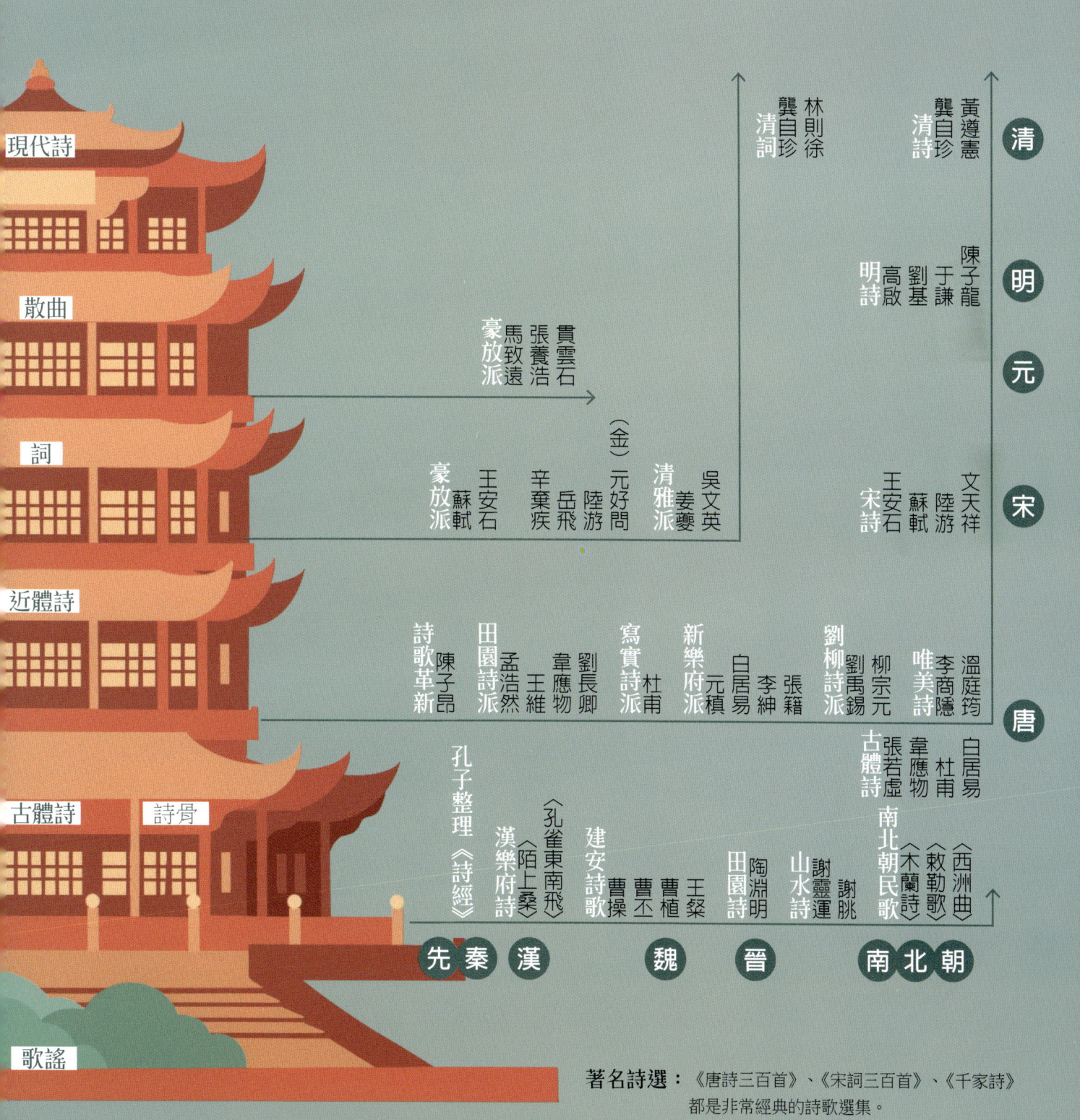

現代詩

散曲　　　　　　　　　　　　　豪放派：馬致遠、張養浩、貫雲石

詞　　　　　　　　　　　豪放派：蘇軾、王安石、辛棄疾、岳飛、陸游、（金）元好問、清雅派：姜夔、吳文英

近體詩　　　詩歌革新：陳子昂、田園詩派：孟浩然、王維、韋應物、劉長卿、寫實詩派：杜甫、新樂府：元稹、白居易、李紳、張籍、劉柳詩派：劉禹錫、柳宗元、唯美詩：李商隱、溫庭筠

古體詩　　詩骨　　孔子整理《詩經》、〈孔雀東南飛〉、〈陌上桑〉漢樂府詩、建安詩歌：曹操、曹丕、曹植、王粲、田園詩：陶淵明、山水詩：謝靈運、謝朓、南北朝民歌：〈木蘭詩〉、〈敕勒歌〉、〈西洲曲〉、古體詩：張若虛、韋應物、杜甫、白居易

清：黃遵憲、龔自珍清詩、林則徐、龔自珍清詞
明：陳子龍、于謙、劉基、高啟明詩
宋：文天祥、陸游、蘇軾、王安石宋詩

歌謠

先秦　漢　魏　晉　南北朝　唐　宋　元　明　清

著名詩選：《唐詩三百首》、《宋詞三百首》、《千家詩》都是非常經典的詩歌選集。

孔子整理《詩經》

2500 多年前的春秋時期，孔子整理了周朝以來流傳的詩歌，完善了中國第一部詩歌總集《詩經》。《詩經》有 300 多篇，內容可分為風、雅、頌 3 類。頌是祭祀時用的樂曲，你知道風和雅是什麼嗎？

雅※朝廷的正式樂曲

包括反映現實生活的 74 首小雅。有表達鄉愁的「昔我往矣，楊柳依依；今我來思，雨雪霏霏」。有自我勉勵的「他山之石，可以攻玉」。另外還有 31 首大雅，內容大多是歌功頌德的。

風※各地的民歌

《詩經》中的詩有一大半是從各地民歌中採集的，比如「秦風」就是秦地的民歌，不是某個詩人的創作。詩中展現了周代老百姓的生活場景、風俗民情。詩中很少怪力亂神，這種**現實主義**精神影響深遠，逐步發展成詩歌的一大流派。

很多人覺得《詩經》美，是因為詩中有很多景色描寫。藉助寫景色來寫心情，是很高級的寫法，古人稱之為「興」。《詩經》中常用的賦（平鋪直敘）、比（比喻）、興等手法，至今依然是寫作的重要手法。

※秦風・蒹（ㄐㄧㄢ）葭（ㄐㄧㄚ）（節選）

蒹葭蒼蒼①，白露為霜。
所謂伊人，在水一方。
溯（ㄙㄨˋ）洄從之，道阻且長②。
溯游從之，宛在水中央。

① 首句寫蒹葭（蘆葦）淒冷，是為了烘托第二句對伊人的思念。這種寫法叫「興」。
② 直接描述追尋經過，這種平鋪直敘的寫法叫「賦」。

※詩經體特點

《詩經》以四言句式為主，通常每四句成一節。一首詩的各節句式基本相同，反覆詠唱。四言詩一直流行到漢代。

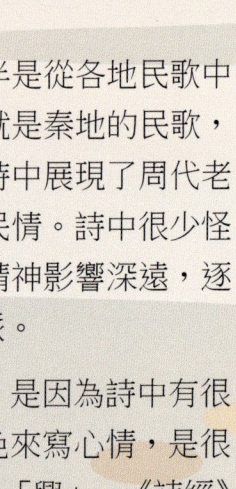

〈蒹葭〉詩境

屈原開創「楚辭」

2300 多年前的戰國時期，偉大的詩人屈原創立了一種新格式的詩，因為有著濃厚的楚國（南方）樂調色彩，所以叫「楚辭」。「楚辭」是文人創作的，語言華麗，充滿了**浪漫色彩**，這跟《詩經》中質樸的北方民歌有著比較明顯的區別。「楚辭」和《詩經》共同構成了中國詩歌的源頭。

史上最長的古詩〈離騷〉

「楚辭」的代表詩歌就是〈離騷〉，有 373 句，是中國最長的古詩。詩中講到，作者想為國家做點貢獻，卻處處碰壁，於是 4 次神遊天地，陳訴苦楚，又 3 次尋求美人，追求光明。全詩想像力極為豐富，充滿了浪漫色彩。

※※離騷（名句）

- 惟草木①之零落兮②，恐美人①之遲暮。
- 長太息以掩涕兮，哀民生之多艱。
- 路漫漫其修遠兮，吾將上下而求索。

委婉的象徵手法

「楚辭」中有許多地方在讚美草木和美人（見①），這是什麼意思呢？原來，作者想讚美賢明的君王，高潔的品德，但卻不直說。這種象徵手法，是對《詩經》比興手法的繼承和發展，後來成為中國文學常見的手法。

※※楚辭體特點

如果你看到一首詩中有許多語氣詞「兮」（見②），那大概就可以斷定是楚辭體了。楚辭體以六言為主，並且開了長詩的先河。

※※屈原年表

22 歲	主持改革
27 歲	貶為三閭大夫
36 歲	流浪漢北，作〈離騷〉
44 歲	放逐江南
62 歲	自投汨（ㄇㄧˋ）羅江

屈原尋訪美人之洛神宓（ㄈㄨˊ）妃

漢樂（ㄩㄝˋ）府詩

漢代時，朝廷重視禮樂，設置了「樂府」來管理音樂，既組織文人創作詩歌，也廣泛採集民間歌謠，並把詩和曲配起來。這些生活氣息很濃的詩歌，後來就被稱為樂府詩。樂府詩距今約有 2000 年了，今天我們讀起來並不難懂，這是為什麼呢？

會講故事的詩

漢樂府裡約三分之一是敘事詩，故事情節大多完整曲折，人物形象栩栩如生，標示著中國古代敘事詩的成熟。〈孔雀東南飛〉全詩對話生動，情節起伏，長達 350 餘句，講述了一個扣人心弦的愛情悲劇故事。〈陌上桑〉則成功塑造了一位不畏強權的採桑女形象。

有煙火氣的詩

漢樂府詩繼承了《詩經》反映現實的優秀傳統，記錄了那個時代人們的生活日常和喜怒哀樂。「江南可採蓮，蓮葉何田田」，採蓮女一邊採摘，一邊唱著〈江南〉，這就是生活圖畫。

※※ 陌上桑（節選）

行者見羅敷，下擔捋髭（ㄗ）鬚。
少年見羅敷，脫帽著帩（ㄑㄧㄠˋ）頭。
耕者忘其犁，鋤者忘其鋤。
來歸相怨怒，但坐觀羅敷。

〈陌上桑〉詩境

※※ 樂府詩特點

格式上，以五言為主。
語言上，更口語化。

※※ 延伸／南北朝民歌

南朝的抒情長詩〈西洲曲〉代表了南朝詩歌的最高成就。北朝的敘事長詩〈木蘭詩〉，影響深遠，和〈孔雀東南飛〉並稱「樂府雙璧」。北朝民歌〈敕勒歌〉至今都被作為啟蒙詩歌。

建安詩歌

中國人評判詩歌好不好，非常重要的一點就是看「風骨」。「風」強調詩的用詞要準確簡練，「骨」強調詩的內容要能打動人。

東漢末年建安時期，飽受戰亂之苦的文人們，思想空前活躍，繼承了漢樂府的寫實精神，大膽表達自己的理想，同時展現出自己的文筆個性，後人稱之為「建安風骨」。

一門父子三詩豪

曹操一輩子忙於建功立業，對當時社會有著很深的理解，他採用樂府古題，寫了不少慷慨激昂的好詩，比如〈龜雖壽〉、〈觀滄海〉、〈短歌行〉，成為建安文壇的領袖。

曹操之子**曹丕**詩風清麗婉約，語言通俗，〈燕歌行〉是他的代表作。曹丕的弟弟**曹植**是當時最有文采的詩人，他大力寫五言詩，代表作〈白馬篇〉、〈七步詩〉等，對後世影響很大。

※ 觀滄海（節選）
[漢] 曹操

東臨碣石，以觀滄海。
水何澹澹，山島竦峙。
樹木叢生，百草豐茂。
秋風蕭瑟，洪波湧起。

〈觀滄海〉詩境

家臣是主將

著名的「建安七子」大多是曹氏父子的臣子，戰時隨軍，歸來經常一起飲酒聚會，共同創作，是「三曹」之外建安作家的主力，其中**王粲**、**劉楨**成就最高。

※ 曹植相關成語

七步成詩　相煎何急
翩若驚鴻　凌波微步
下筆成文　才高八斗
瓜田李下　荊山之玉

清初文學家王士禎認為，2000年間堪稱「仙才」的詩人只有曹植、李白、蘇軾 3 人。

田園居士陶淵明

陶淵明生活在東晉末南朝初,政局混亂,他辭官歸隱於廬山腳下,與菊和酒相伴,把田園生活帶進詩歌,開創了中國詩歌的新意境——用樸素的語言寫平民的生活,後人稱他的詩為「陶詩」。

※ 陶淵明年表

20 歲	遊學求仕
29 歲	任江州祭酒
47 歲	入桓玄幕下
54 歲	歸隱田園
76 歲	病逝

陶淵明詩句「採菊東籬下,悠然見南山」意境

山水訪客謝靈運

謝靈運比陶淵明小 20 歲,雖然一直有官職,但是,東晉時他不認真,南朝時他不得志,他把大量時間都用於遊山玩水,吟詩問佛,於是開創了山水詩派。

風光「攝影師」

謝靈運出身名門望族,有錢又有才。他在浙江當永嘉太守期間,把大量時間用於遊山玩水,他還發明了一種專門用於登山的木鞋,被稱為謝公屐。謝靈運像一位風光攝影師,總是能用眼捕捉自然之美,然後用詩句再現山水之美。

平淡「隱居客」

陶淵明的詩平和淡遠,不假雕飾,常用家常話寫家常事,農舍、雞犬、豆苗、桑麻,這些農村最平常的事物,一經陶淵明點化,便充滿了「詩味」。他回歸田園也是「羈(ㄐㄧ)鳥戀舊林,池魚思故淵」這般的渴望,「久在樊(ㄈㄢˊ)籠裡,復得返自然」,這種心境一直伴隨著他的創作。

※※歸園田居(其一,節選)

狗吠深巷中,雞鳴桑樹顛。
戶庭無塵雜,虛室有餘閒。
久在樊籠裡,復得返自然。

※※飲酒(其五,節選)

採菊東籬下,悠然見南山。
山氣日夕佳,飛鳥相與還。
此中有真意,欲辨已忘言。

田園詩宗師

陶淵明的田園詩看似處處寫景物,實則處處在寫心境。雖然「草盛豆苗稀」,依然「帶月荷鋤歸」。「採菊東籬下」,最美妙的體驗是「悠然」見到南山。採菊讓陶淵明成了菊的化身,菊花也成了「花中隱士」。

山水詩鼻祖

謝靈運的山水詩現存近百首,他的山水詩在中國詩歌發展史上極具開創意義。在他之前,詩歌更多寫情感,想給人啟發。謝靈運開始把詩句放在描寫山水、花鳥這些實實在在的東西上,開創了寫景詩。為了賦予山水更多的靈氣,謝靈運還大膽創造新的詞彙,大量採用對仗的手法,創作了許多佳句,他誇耀自己的文采僅次於「才高八斗」的曹植。

※※登池上樓(節選)

初景革緒風,新陽改故陰。
池塘生春草,園柳變鳴禽。

專題｜格律詩是怎麼來的

※詠竹詩（節選）
[南朝] 謝朓

南條交北葉，新筍雜故枝。
月光疎已密，風來起復垂。

從先秦到南朝，詩歌創作逐步繁榮，雖然詩歌有韻律和對仗等美感，但是詩人們還在繼續追尋更優美的詩。於是，一種新的詩體——格律詩，也叫近體詩，逐漸壯大，影響了1000多年。

南朝※沈謝※把聲調之美融入詩歌中

隨著詩和樂的逐漸分離，詩本身的聲調美感越來越受到詩人的重視。南朝詩人歸納了漢語讀音的「四聲」，大大提升讀音抑揚頓挫的效果。以**沈約**、**謝朓**（ㄊㄧㄠˇ）為代表的詩人，把聲調之美融入詩歌創作中，發展為「永明體」，成為格律詩的前身。

隋和唐初※眾詩人※寫律詩成了時尚

生活於隋唐之際的**王績**，崇拜善寫五言詩的陶淵明，是五言律詩的奠基人。他所寫的〈野望〉，「牧人驅犢（ㄉㄨˊ）返，獵馬帶禽歸」，讀起來朗朗上口。

稍晚的**上官儀**非常追求聲調之美，寫景技巧極高。初唐四傑中的王**勃**和楊**炯**（ㄐㄩㄥˇ）都寫過不少優秀的五律。武則天時期的宰相**李嶠**（ㄐㄧㄠˋ），注重平仄，創作了大量詠物的五律。

※風
[唐] 李嶠

解落三秋葉，
能開二月花。
過江千尺浪，
入竹萬竿斜。

初唐※沈宋※用「黏對」規則定型格律詩

武則天時期的**沈佺**（ㄑㄩㄢˊ）期、宋之問等宮廷詩人，有閒情研究平仄，制定了「黏對」規則，確保了詩歌通篇的聲律美感，格律詩至此正式形成。杜甫的爺爺**杜審言**，也為律詩的定型做出了貢獻。

什麼是「格」？什麼是「律」？

「格」是格式要求，按單句字數算分五言、七言，按句數算有四句的絕句、八句的律詩、超過八句的長律（也叫排律）。

「律」是聲律要求，包括四方面：對仗、押韻、平仄、黏對。四種聲調平上（ㄕㄤˇ）去入中，除平聲外的三聲統稱為仄聲，每句的偶數字要嚴格講究平仄。

✼✼登鸛雀樓
[唐] 王之渙

白日依山盡，
黃河入海流。
欲窮千里目，
更上一層樓。
押韻

對句（平仄相反，叫「對」）
鄰句（平仄相同，叫「黏」）
對仗（白日對黃河，山對海，千里對一層，見畫底線的詞）

唐詩流派	618年 初唐				712年 盛唐	
	初唐四傑	沈宋	陳子昂	吳中四士	田園詩派	邊塞詩派
	題材廣泛	要順口	要打動人	清新婉麗	淡雅清麗	豪放悲壯
	駱賓王 王勃（詩傑） 盧照鄰 楊炯	沈佺期 宋之問	陳子昂 （詩骨）	張若虛 賀知章（詩狂） 張旭 包融	孟浩然（詩星） 王維（詩佛） 劉長卿（五言長城） 韋應物	高適 王昌齡（七絕聖手） 王之渙 岑參（詩雄）

唐詩

唐代是中國詩歌發展史上最繁榮的時期，大詩人多，詩歌流派多（見上表），許多詩句傳頌至今。後人仿《詩三百》編有《唐詩三百首》。

初唐※含苞初綻

初唐有兩件事為唐詩的大繁榮做好了準備。一是格律詩的形成，讓詩句更好聽。二是**陳子昂**提出詩歌內容的革新，讓詩歌更能鼓勵人。

「初唐四傑」率先把詩歌題材從宮廷擴大到江山、邊塞，寫出來許多雄壯的古體詩，鏗（ㄎㄥ）鏘（ㄑㄧㄤ）的格律詩。**賀知章**是唐詩大繁榮的引路人，善寫絕句，語言樸實，〈詠柳〉中對春意的讚頌，〈回鄉偶書〉中對還鄉的感慨，句句都令人回味。

盛唐※百花爭放

盛唐迎來了唐詩的大繁榮，其中最傑出的代表是浪漫的李白和寫實的杜甫（下文詳述）。此外有兩大詩派。

以**孟浩然**、**王維**為代表的山水田園詩人，喜歡以自然之美來抒發隱逸情懷。其中王維更是將詩情與畫意、樂美結合起來，許多作品廣為流傳。

邊塞詩派以**高適**、**岑參**、**王之渙**、**王昌齡**等人為代表。他們寫邊塞風光和軍旅生活，抒發建功立業的壯志豪情，詩風慷慨豪邁。

※※山居秋暝（節選）
［唐］王維

空山新雨後，天氣晚來秋。
明月松間照，清泉石上流。

766年	中　唐			836年　晚　唐　907年	
大李杜	韓孟詩派	劉柳詩派	新樂府派	小李杜	溫韋
浪漫‧寫實	推敲苦吟	借古諷今	補察時政	深沉幽美	清新婉媚
李白（詩仙，浪漫詩派） 杜甫（詩聖，寫實詩派）	韓愈　　李賀（詩鬼） 孟郊（詩囚）賈島（詩奴）	劉禹錫（詩豪） 柳宗元	白居易（詩王）李紳 元稹　　張籍	李商隱 杜牧	溫庭筠 韋莊

中唐※各顯神通

中唐詩人們積極革新，實現了唐詩的又一次繁榮。以**白居易**、**元稹**（ㄓㄣˇ）為代表的詩人，重提漢樂府的民歌價值，開展了新樂府運動。白居易的詩語言通俗易懂，能反映社會現實。

以**韓愈**和**孟郊**為代表的「韓孟詩派」，主張抒發心中不平，喜歡推敲文字，「二句三年得，一吟雙淚流」。

以**劉禹錫**和**柳宗元**為代表的「劉柳詩派」，都擁有不肯屈服的品格。劉禹錫的詩昂揚向上，人稱「詩豪」；柳宗元的詩意味深長。

晚唐※孤芳自賞

晚唐國家衰敗，詩人也更多傷感，往往只追求遣詞用字的華美。以**李商隱**、**杜牧**為代表的「小李杜」，成了晚唐最精彩的詩人。李商隱的抒情詩，細膩中帶著淒美；杜牧的詠史詩，激昂中帶有失落。

※※嫦娥
[唐] 李商隱

雲母屏風燭影深，長河漸落曉星沉。
嫦娥應悔偷靈藥，碧海青天夜夜心。

※※琵琶行（名句）
[唐] 白居易

- 千呼萬喚始出來，猶抱琵琶半遮面。
- 別有幽愁暗恨生，此時無聲勝有聲。
- 同是天涯淪落人，相逢何必曾相識！

專題 豪情萬丈的李白

李白是中國最傑出的浪漫主義詩人，他性格豪爽，自信灑脫，狂放不羈。他的詩前承屈原，想像奇特，手法誇張，詩風飄逸奔放，後人尊他為「詩仙」。

一身仙俠豪氣

李白自幼飽讀詩書，學過劍術，渴望報效國家。進入皇宮後他卻看不慣，於是過上遊俠般的生活，站上黃鶴樓，攀登太白山，獨坐敬亭山，他心裡一直都相信「天生我材必有用」。「危樓高百尺，手可摘星辰」、「桃花潭水深千尺，不及汪倫送我情」，沒有行萬里路之閱歷，就不可能寫出這些豪情詩句。沒有這身豪情，就寫不出「飛流直下三千尺，疑是銀河落九天」這般驚豔的比喻。

※※獨坐敬亭山

眾鳥高飛盡，孤雲獨去閒。
相看兩不厭，只有敬亭山。

筆落驚風雨

李白擅長古體詩，他創作的〈行路難〉、〈蜀道難〉、〈將進酒〉等，運用大膽的誇飾、巧妙的比喻、變化莫測的想像……情感抒發如火山噴發。正如杜甫詩中所形容的「筆落驚風雨，詩成泣鬼神」。

李白近體詩中絕句成就最高，許多詩句韻味無窮，讀起來就像是從我們自己嘴裡哼出來似的。用李白自己的詩句形容，就是「清水出芙蓉，天然去雕飾」。

李白和杜甫年表

李白 出生	遠遊	遇孟浩然 靜夜思	行路難 將進酒	獻賦	遇王昌齡 蜀道難	遇賀知章 辭官 俠客行	獨坐敬亭山 贈汪倫 安史之亂
701年	712	724	731	734	744	746	746
杜甫 出生		遊學 望岳		遇李白 遇高適	困居長安 10年	投奔 肅宗	春望 月夜

專題：心繫蒼生的杜甫

杜甫比李白小 11 歲，生活在唐朝由盛轉衰的轉折時期。杜甫是中國最傑出的現實主義詩人，他心繫百姓，常在詩中揭露民間疾苦，表達自己的責任感。杜甫善於學習，各種詩體無所不精，是中國最偉大的詩人之一。

一顆盛唐良心

杜甫一生憂國憂民。看到「朱門酒肉臭，路有凍死骨」，他發出了警告。看到「國破山河在」，他把頭髮都越搔越短。「看」到「門泊東吳萬里船」這樣的捷報，他高興地寫了首絕句。他是時代的良心，這處處體現在他沉鬱的詩風中，他被後人尊稱為「詩聖」。

目睹了戰亂對百姓造成的苦難，杜甫創作了「三吏」、「三別」等反映底層百姓悲慘遭遇的長篇敘事詩，因此，杜甫的詩被譽為「詩史」。

※※絕句

兩個黃鸝鳴翠柳，一行白鷺上青天。
窗含西嶺千秋雪，門泊東吳萬里船。

語不驚人死不休

杜甫的詩句是經過千錘百鍊的，他要求自己「語不驚人死不休」。所以他的語言有著更強的表現力。比如「朱門酒肉臭，路有凍死骨」，把複雜的社會現象，錘鍊成只有 10 個字的兩句詩。

律詩要求嚴格。杜甫的律詩成就堪稱唐代第一，無論是抒情、詠懷，還是交友、評事，他都寫得對仗工整而又渾然一體，合乎格律卻又不露痕跡。

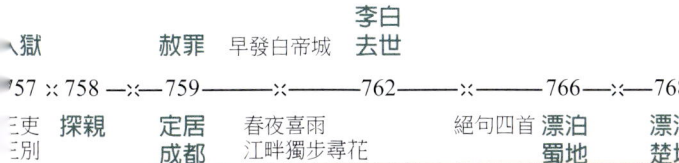

入獄	赦罪	早發白帝城	李白去世				
757 — 758	— 759	— 762	— 766	— 768	— 770
三吏 三別	探親	定居成都	春夜喜雨 江畔獨步尋花	絕句四首	漂泊蜀地	漂泊楚地	登岳陽樓 江南逢李龜年	杜甫病逝

宋詞

詞是詩的一種變體，始於隋唐，最初是用來配合演唱曲子的歌詞。因為曲子有長短快慢，所以每句詞也有長有短，俗稱「長短句」。晚唐以後，都市歌舞生活的繁榮帶動了詞迅速發展。經過婉約派和豪放派兩大派詞人的不斷革新，宋詞成為新的文學巔峰，與唐詩交相輝映。

婉約派寫的美詞

柳永為宋詞的繁榮帶來好的開始。他善寫慢詞，自創了100多個詞牌，既寫風月，也寫個性，婉約派由此開創。同時期的**晏殊**專攻小令，獲得了巨大成就。

後來的**周邦彥**是婉約詞大家，作詞既追求音律的優美，又講究用語的匠心，是後世詞人的好老師。而「千古第一才女」**李清照**則把婉約派推向高峰，她的詞寫景生動，寫情細膩，善用疊句，特別能引起讀者共鳴。寫於流亡江南時的〈聲聲慢〉更是將疊句用到極致。

如夢令
[南宋] 李清照

常記溪亭日暮，沉醉不知歸路。
興盡晚回舟，誤入藕花深處。
爭渡，爭渡，驚起一灘鷗鷺。

宋詞發展史

隋至盛唐
燕樂流行，出現曲子詞

中唐
詞體成形
張志和、白居易、劉禹錫

晚唐至五代
花間詞興盛
溫庭筠、韋莊、李煜

北宋前期
婉約詞興盛；柳永革新詞體
柳永、晏殊、歐陽修

北宋後期
豪放詞興盛；蘇軾改革詞體
蘇軾、周邦彥、秦觀、賀鑄

南宋初期
詞風多貼近現實
李清照、岳飛

南宋中後期
詞創作多元化
陸游、辛棄疾、姜夔

豪放派寫的壯詞

蘇軾對詞有著自己的理解。他認為詞不應該只寫花前月下、曉風殘月。蘇軾用詞寫了志向、山水、鄉愁，氣勢恢弘。而且蘇軾的詞不再依附於音樂，這大大提升了詞的生命力。

蘇軾之後，原是抗金英雄的**辛棄疾**，把詞當散文寫，剛柔並濟，寫了很多愛國詩詞。**岳飛**和**陸游**也寫過不少豪放詞，姜夔（ㄎㄨㄟˊ）的詞則兼具婉約和豪放。

※※水調歌頭（節選）
[宋] 蘇軾

明月幾時有？把酒問青天。
不知天上宮闕（ㄑㄩㄝˋ），今夕是何年。
我欲乘風歸去，又恐瓊樓玉宇，
高處不勝（ㄕㄥ）寒。
起舞弄清影，何似在人間。

※※破陣子・為陳同甫賦壯詞以寄之
[宋] 辛棄疾

醉裡挑燈看劍，夢回吹角連營。
八百里分麾下炙，五十弦翻塞外聲，
沙場秋點兵。

馬作的盧飛快，弓如霹靂弦驚。
了卻君王天下事，贏得生前身後名。
可憐白髮生！

詞牌是曲子的調子

每首曲子都有一定的曲調。曲調即詞牌，詞人根據曲調來填詞。例如：〈卜算子・詠梅〉這首詞，「卜算子」是詞牌名，「詠梅」是詞的標題。詞牌有 1000 多個，來源多樣，比如「浣溪沙」，原是為歌詠春秋時代美女西施浣紗而作的曲子。

※※詞的特點
詞講究對仗、押韻和平仄。一首詞的字數是固定的，一般分兩段（上下片）。根據字數，詞分為小令、中調和長調。根據節奏快慢，詞可分為令、引、近、慢等。

宋詩

唐代詩人寫廬山「飛流直下三千尺」，豪情萬丈；宋代詩人寫廬山「橫看成嶺側成峰」，雖然語言平淡，但越讀越覺得有道理。面對唐詩的巨大成就，宋代詩人能否另開新境，打造宋詩的高峰？

王安石開創新格局

宋初的詩人學習唐代詩人李商隱，卻只學到皮毛（形式美）。直到以議論入詩的**歐陽修**登上詩壇，宋詩才找到自己的聲音。歐陽修舉薦的王安石則奠定了宋詩的基調。王安石是個改革家，他主張詩歌須有益於世，表現出好議論，好用典，好新奇的特色。他寫的「春風又綠江南岸」中的「綠」字，據說是改了10多次才定下來。

※※元日

［宋］王安石

爆竹聲中一歲除，
春風送暖入屠蘇。
千門萬戶曈曈日①，
總把新桃換舊符②。

① 曈曈：日出時光亮而溫暖的樣子。代表對新的一年的美好祈盼。當時身為宰相的王安石，正在大力改革，堅信未來一定是光明的，充滿向上的力量。

② 新桃比喻改革後的新生活，舊符借指目前的社會弊病。這句論斷，指出新生事物一定會取代沒落事物這一規律。

〈元日〉詩境

蘇軾將宋詩推向高峰

歐陽修的門生**蘇軾**，是個全能型詩人，對各種詩歌技巧、風格、題材無一不精，是宋詩成就最高的詩人。他的很多詩流露出一股樂觀、曠達的精神，又往往蘊含著深刻的道理。他在杭州做官期間，寫了多首關於西湖的詩，廣為傳誦。

※※雪梅
[宋]盧梅坡

梅雪爭春未肯降,
騷人閣筆費評章。
梅須遜雪三分白,
雪卻輸梅一段香。

黃庭堅吸引了很多追隨者

蘇軾的得意門生**黃庭堅**,寫詩強調「字字有來處」卻又能「脫胎換骨」。「桃李春風一杯酒,江湖夜雨十年燈」,「一杯酒」和「夜雨」都脫胎於唐詩,卻寫出了極美的新意境。他的追隨者很多,形成了一個詩歌流派——江西詩派。

※※稚子弄冰
[宋]楊萬里

稚子金盆脫曉冰③,
彩絲穿取當銀鉦。
敲成玉磬穿林響,
忽作玻璃碎地聲④。

南宋四大家中興宋詩

南宋時,尤袤(ㄇㄠˋ)、楊萬里、范成大、陸游等不滿江西詩派的懷舊,勇於創新,宋詩又一次繁榮起來。**楊萬里**善於寫自然風物和日常生活,一生作詩 20000 多首。他的詩內容質樸(見③),語言也質樸(見④),「兒童急走追黃蝶」、「稚子金盆脫曉冰」等很多詩句都成了啟蒙詩。陸游見證了國家災難,寫過〈示兒〉等很多悲涼的愛國詩。

宋詩的最後光彩

南宋末年,國破家亡之際,不少詩人寫下大量優秀的愛國詩篇,**文天祥**是其代表。他的詩是他人格的生動寫照,詩句「人生自古誰無死,留取丹心照汗青」傳誦千古。

元散曲

當越來越精緻的詞也和音樂分家後，更通俗的民謠俚語開始和音樂結合，在元代形成了一種新的樂曲——元散曲，文學的通俗化讓元散曲迅速受到廣泛歡迎。元散曲可以分為以馬致遠為代表的豪放派和以張可久為代表的清麗派。

※※天淨沙·秋思
[元] 馬致遠

枯藤老樹昏鴉，小橋流水人家，古道西風瘦馬①。夕陽西下，斷腸人在天涯②。

① 9個名詞羅列，勾繪出一幅秋野夕照圖。枯、老、昏、瘦中蘊含著無限淒涼。
② 明寫遊子流浪，實則抒發了作者懷才不遇的悲涼情懷。

〈天淨沙·秋思〉詩境

馬致遠的歸隱散曲

馬致遠年輕時積極追求功名，然而仕途並不順暢，後來索性辭官歸隱。他精通音樂，元散曲成就極高，現存散曲130多首。他的作品語言極其精凝，而情感又極其豐富，大大提高了元散曲的藝術水準。他的〈天淨沙・秋思〉被稱為「秋思之祖」。

張養浩的憂傷散曲

張養浩是個直言敢諫的清官，關心民生疾苦。他把散曲當作詩來寫，題材獨特，語言典雅而又率真自然，〈潼關懷古〉這類作品體現出憂國憂民的情懷，是他人格的寫照。

山坡羊・潼關懷古
[元] 張養浩

峰巒如聚，波濤如怒，山河表裡潼關路。望西都，意躊躇。

傷心秦漢經行處，宮闕萬間都做了土。興，百姓苦；亡，百姓苦！

關漢卿，更強的個性

關漢卿來自社會底層，自稱「浪子」，反傳統，有個性，文筆也很叛逆，對元曲具有開創意義。他自稱「我是個蒸不爛、煮不熟、捶不扁、炒不爆、響噹噹一粒銅豌豆」，他的曲詞潑辣風趣，刻劃人物心理細緻入微，寫離愁別恨則真切動人。

張可久，更雅的散曲

張可久是元代最多產的散曲大家。他人生坎坷，只做過小官，作品中往往散發出悲嘆的氣息，用筆辛辣，在講人間冷暖時，他感慨「他得志笑閒人，他失腳閒人笑」。他注重煉字，講究含蓄，寫出的「桃花吹淨，佳人何在，門掩殘紅」充滿淒美。

元散曲的特點

散曲是配著曲子演唱的歌詞，所以也有曲牌。

散曲有字數、格律等要求，但是可以增字，形式更靈活。

語言很口語化，所以表達的內容往往痛快、酣暢（相比而言，詞比較委婉）。

散曲包括小令（單曲）和套數（一組小令）。

中國古文年表

中國古代文學中,「文」與「詩」並重。「文」源於神話和寓言,在春秋戰國時期開始形成記敘和說理兩大類散文,並確定了散文傳播道義的功能。漢代「文」向「詩」靠攏形成了賦。南北朝「文」繼續駢(ㄆㄧㄢˊ)化(過於追求文采)造成的功能喪失,導致了唐宋的散文復古運動。明清以後,散文一直在「傳播道義」和「追求文采」間尋求創新。

※※文的分類

文最初出現就是散文。後來出現強調格式的駢文和強調音韻的韻文。
駢文曾一度繁榮,但是散文終成主流。

以記人、敘事、寫景、狀物等為主要內容,力求寫出真情實感,文體上包括傳記、遊記、碑記、祭文、筆記等。

▲記敘類散文

《左傳》 《國語》 《戰國策》 司馬遷《史記》 班固《漢書》 趙曄《吳越春秋》 曹丕《與吳質書》 阮籍《大人先生傳》 王羲之《蘭亭集序》 陶淵明《桃花源記》 【駢文】陶弘景《答謝中書書》 吳均《與朱元思書》 酈道元《水經注》

先秦　秦　漢　　三國　晉　　南北朝　隋

《韓非子》 《荀子》 《莊子》 《孟子》 呂不韋《呂氏春秋》 李斯《諫逐客書》 賈誼《過秦論》 劉安《淮南子》 王充《論衡》 諸葛亮《出師表》 嵇康《養生論》 李密《陳情表》 陸機《辨亡論》 庾信《哀江南賦序》【駢文】

說理類散文▼

透過寫事實、講道理、辨是非、舉例子等方法表達觀點,力求寫出真知灼見,文體上包括論辯、寓言、表、說、銘、序、雜記等。

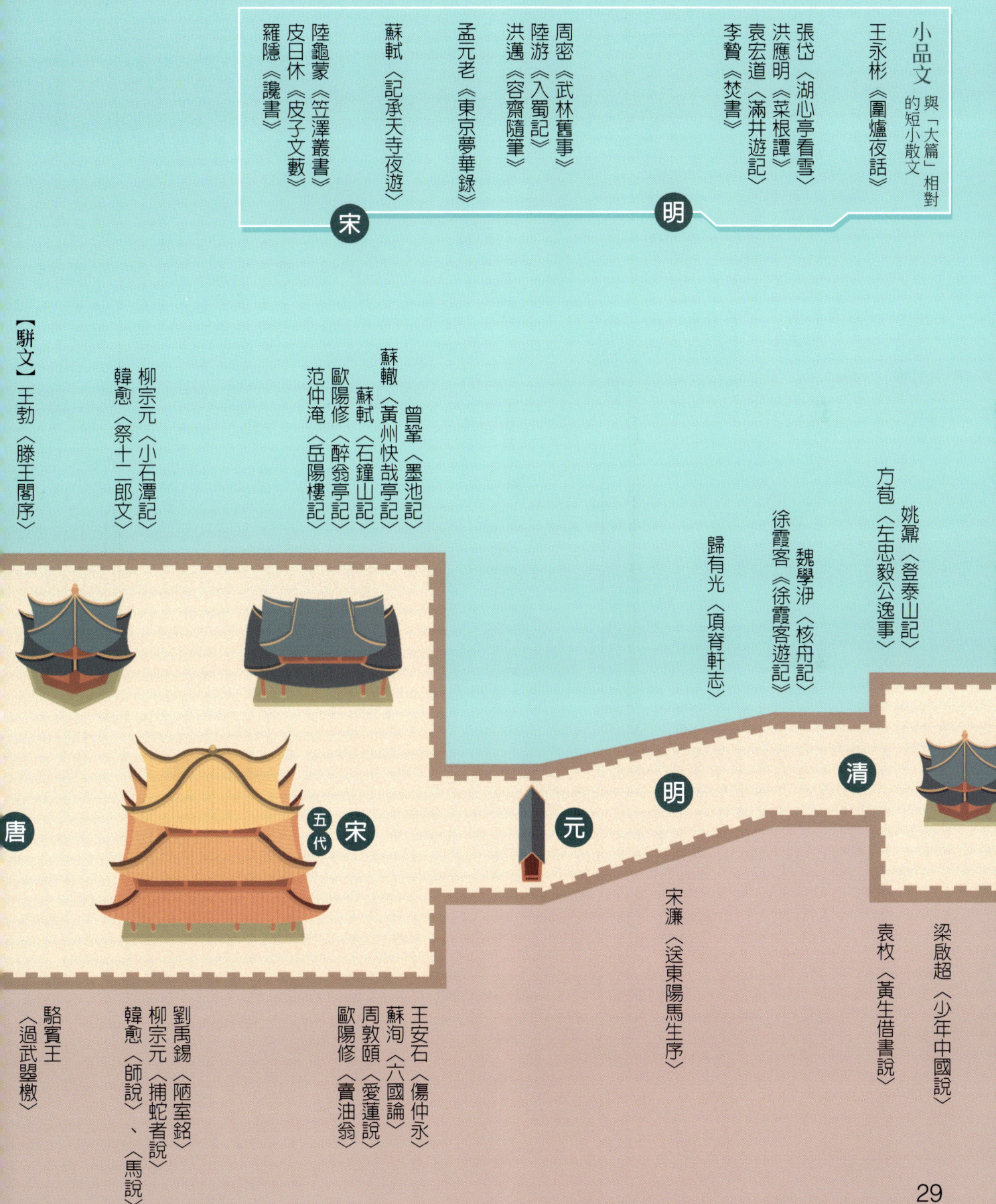

著名文選：清初吳楚材等選定的《古文觀止》，收錄222篇古文，是很好的文學啟蒙讀物。

小品文 與「大篇」相對的短小散文

明：
- 王永彬《圍爐夜話》
- 李贄《焚書》
- 袁宏道《滿井遊記》
- 洪應明《菜根譚》
- 張岱《湖心亭看雪》

宋：
- 孟元老《東京夢華錄》
- 周密《武林舊事》
- 陸游《入蜀記》
- 洪邁《容齋隨筆》
- 蘇軾《記承天寺夜遊》
- 陸龜蒙《笠澤叢書》
- 皮日休《皮子文藪》
- 羅隱《讒書》

【駢文】
- 王勃《滕王閣序》
- 駱賓王《過武曌檄》

唐：
- 韓愈《祭十二郎文》、《師說》、《馬說》
- 柳宗元《小石潭記》、《捕蛇者說》
- 劉禹錫《陋室銘》

五代宋：
- 曾鞏《墨池記》
- 蘇軾《石鐘山記》
- 蘇轍《黃州快哉亭記》
- 歐陽修《醉翁亭記》、《賣油翁》
- 范仲淹《岳陽樓記》
- 王安石《傷仲永》
- 蘇洵《六國論》
- 周敦頤《愛蓮說》

元明：
- 宋濂《送東陽馬生序》

明：
- 歸有光《項脊軒志》
- 徐霞客《徐霞客遊記》
- 魏學洢《核舟記》

清：
- 方苞《左忠毅公逸事》
- 姚鼐《登泰山記》
- 袁枚《黃生借書說》
- 梁啟超《少年中國說》

先秦的敘事散文

散文的形成與中國古代重視史官有關。西周時代,有「左史記事,右史記言」之說(事為《春秋》,言為《尚書》)。戰國時期形成的《左傳》、《國語》、《戰國策》等歷史著作,有著更多的個人創作成分,顯示敘事散文的成熟。

《左傳》的精彩對話

《左傳》是對《春秋》的解讀,但是記事更完整、更詳細,還很注重刻劃人物。書中記錄各國使者的外交辭令(比如燭之武退秦師的故事)以及大夫對國君的勸諫之辭,都非常精彩。

《戰國策》的人物刻劃

《戰國策》是一部詳細地記錄謀士事蹟的史書,長於寫人敘事,比如,「荊軻刺秦王」的故事寫得生動曲折,能言善辯的蘇秦被刻劃得非常成功。

《戰國策》在對白、寓言、誇飾、排比等語言技巧方面,運用得非常純熟,對後世產生了深遠的影響。

※※《戰國策》中的寓言故事

驚弓之鳥　亡羊補牢　狡兔三窟　狐假虎威
群狗爭骨　鷸蚌相爭　畫蛇添足　南轅北轍
高枕無憂　……

寓言「驚弓之鳥」畫境

諸子的說理散文

最早有《尚書》記錄言論，後來有語錄體的《論語》，這些文集都有說理的味道。隨著諸子百家的出現，各個流派的人物開始著書立說，說理散文《孟子》、《莊子》、《荀子》等相繼出現，《韓非子》標誌著說理散文的定型。

擅長論辯的《孟子》

《孟子》是儒學大師**孟子**和他的弟子共同寫的。《孟子》善於用邏輯推理的方法論辯，雄辯有力。論辯中還常常用典型事例、比喻、寓言說理，如「揠（ㄧㄚˋ）苗助長」的故事，說明要日積月累地養浩然之氣，不可急於求成，用故事傳達道理，淺顯易懂，極有藝術感染力。

集大成者的《韓非子》

《韓非子》是法家思想家**韓非**的著作，論辯透澈，邏輯嚴密，是先秦說理散文的集大成者。《韓非子》使用的寓言有 300 多則。這些寓言故事語言幽默，耐人尋味，許多至今仍被人們廣泛運用，如「守株待兔」、「濫竽充數」、「買櫝還珠」、「自相矛盾」、「扁鵲見蔡桓公」等。

寓言「守株待兔」畫境

漢賦

漢賦流行於漢代，由「楚辭」發展而來，兼有詩歌與散文的特徵，規模宏大，氣勢磅礡，辭藻華麗。漢賦的發展大概包括 4 個階段。

形成期 ※ 騷體賦 ※ 賈誼

從漢高祖至漢武帝初年，騷體賦盛行，抒情性強，內容多是抒發作者的政治見解和身世感慨，如**賈誼**（一ˋ）的〈弔屈原賦〉、〈鵩鳥賦〉。

全盛期 ※ 散體大賦 ※ 司馬相如

西漢中後期，漢賦題材多歌頌帝王、刻劃宮廷建築等，篇幅巨大，語言華麗，與當時的盛世景象交相輝映。如**司馬相如**的〈子虛賦〉、〈上林賦〉。司馬相如被稱為「賦聖」，他向才女卓文君彈琴求愛的故事後來成了許多藝術創作的源泉。

模擬期 ※ 散體大賦 ※ 揚雄、班固和張衡

從西漢末期至東漢中期，漢賦多依照固定形式模擬前人創作，用典增多，如**揚雄**的〈甘泉賦〉、**班固**的〈兩都賦〉、張衡的〈二京賦〉等。

轉型期 ※ 抒情小賦 ※ 張衡和蔡邕

東漢中期以後，出現了抒發個人言志的小賦，如**張衡**的〈歸田賦〉、**蔡邕**（ㄩㄥ）的〈述行賦〉等。魏晉之後，賦受駢文影響發展為駢賦。

※ **上林賦**（節選）
[漢] 司馬相如

奏陶唐氏之舞，聽葛天氏之歌，千人唱，萬人和，山陵為之震動，川谷為之蕩波。

兩漢史傳

兩漢的敘事散文有較大發展。司馬遷的《史記》創立了紀傳體，是傳記文學的第一人。《漢書》繼承並完善了《史記》的體例和傳記寫法。這兩本史書文學價值很高，對後世影響極大。

最早的傳記文學《史記》

《史記》以為人物立傳記的方式記敘歷史，是記事、記言的進一步結合。《史記》善於寫人，如戰國時期趙國的外交家藺（ㄌㄧㄣˋ）相如，事蹟很多，司馬遷只選取完璧歸趙、澠（ㄇㄧㄣˇ）池之會、將相和等幾件典型的事例來寫，抓住了其機智、勇敢、大度的特徵，讓讀者留下了深刻的印象。《史記》一直被後人推崇、取材，被魯迅稱為「史家之絕唱，無韻之〈離騷〉」。

將相和情景

※司馬遷及其《史記》的體例

司馬遷忍受腐刑之辱，歷時14年才寫成《史記》，內容跨越黃帝至漢武帝近3000年。

本紀（12卷）：帝王的傳記。
世家（30卷）：諸侯的傳記。
列傳（70卷）：其他重要人物的傳記。
表（10卷）：世系和年表。
書（8卷）：歷代典章制度。

敘事嚴謹的《漢書》

班固寫的《漢書》記錄了西漢230年的歷史，它沿用《史記》的體例而略有變化，成為歷代史書的範本。《漢書》寫事注重交代事情的來龍去脈，而且筆法更加嚴謹。書中刻劃的李陵內心世界和蘇武英雄形象非常成功。

唐宋散文

唐宋時，面對駢文的盛行，文壇先後掀起了古文革新運動，其中的引領者，唐代有韓愈、柳宗元，宋代有歐陽修、蘇洵（ㄒㄩㄣˊ）、蘇軾、蘇轍、王安石、曾鞏，他們合稱為「唐宋八大家」。

背景※駢文的盛行

賦文追求對偶、聲律和修辭，受此影響，六朝時期逐漸產生了更加強調句式美的駢文——以四六句式為主，句式兩兩相對。出現了**陶弘景**〈答謝中書書〉、**吳均**〈與朱元思書〉、**庾信**〈哀江南賦序〉等名篇。唐代的**王勃**也寫下了千古名篇〈滕（ㄊㄥˊ）王閣序〉。

但是駢文的句式越來越影響文章思想的表達，許多文人只顧堆砌（ㄑㄧˋ）華麗的辭藻，空話連篇。文風迫切需要變革。

※※**醉翁亭記**（名句）
[宋] 歐陽修

・醉翁之意不在酒，在乎山水之間也。

・野芳發而幽香，佳木秀而繁陰，
　風霜高潔，水落而石出者，
　山間之四時也。

唐 ※ 文以明道 ※ 韓柳

生活在中唐的韓愈是最早站出來堅決反對駢文的，他主張學習古文——先秦和漢代的文章，語言自由，思想豐富。

韓愈認為寫文章就是為了傳播真理（明道），內容上要有真情實感，文筆上可以求新尚奇。韓愈是論辯大師，表達情感不加掩飾，寫下了〈馬說〉、〈師說〉等精彩的說理散文。韓愈獨創了「蠅營狗苟」、「弱肉強食」等生動形象的新詞。

柳宗元則在行動上積極支持韓愈的口號，被貶的遭遇讓他可以更冷靜地認清現實，也讓他更委婉。〈捕蛇者說〉是說理散文的名篇，深刻揭露了社會現實。〈小石潭記〉是山水遊記的典範，寫景狀物繪聲繪色。

※※ 馬說 (名句)
[唐] 韓愈

- 世有伯樂，然後有千里馬。
- 千里馬常有，而伯樂不常有。

注：「說」為文體，有「談談」的意思。韓愈現存散文近400篇，包括序、傳、原、銘、書、祭文、雜文等極為豐富的文體。韓愈的諡（ㄕˋ）號為單字「文」，這是文官的最高等級諡號。

宋 ※ 文道合一 ※ 歐王曾三蘇

晚唐以來，又出現了講究雕章琢句的不良文風，北宋文壇領袖歐陽修，再一次掀起古文運動，強調文章要貼近生活，行文要富有感情，語言要簡潔流暢。**歐陽修**寫了許多文字通俗、抒情委婉、議理有力的優秀散文，比如〈醉翁亭記〉、〈賣油翁〉，讀來引人入勝。

稍後的**王安石**，散文中愛議論說理，而且見解獨特，令人折服。**曾鞏**的散文章法有度，結構嚴謹，便於學習。**蘇洵**擅長政論文，語言犀利。**蘇轍**擅長史論文，邏輯嚴密。**蘇軾**則做出了更大貢獻。

專題 文藝全才蘇軾

宋代的蘇軾學識淵博，一生歷經磨難，卻總是那麼樂觀曠達。他的散文、賦、詩、詞，均取得了極高成就，他既精通書法和繪畫，又是美食家和治水名人，堪稱中國5000年文化史第一奇才。

蘇軾年表

22歲	中進士
26歲	任職鳳翔
29歲	任職史館
36歲	新黨迫害，出任杭州
39歲	調任密州
44歲	烏臺詩案，流放黃州
50歲	任職朝廷
54歲	出任杭州
59歲	再遭迫害，流放惠州
62歲	流放儋（ㄉㄢ）州
65歲	遇赦北返，途中逝世

文 ※ 行雲流水

蘇軾善於說理，他總是能將敘事、抒情、議論完美結合，文章如行雲流水，揮灑自如。如〈書戴嵩畫牛〉，短小精悍，生動形象，卻寓含著「藝術源於生活」的深刻道理。〈記承天寺夜遊〉意境超然，為宋代小品文中的妙品。

賦 ※ 蘊含哲理

宋以來，散文家不再拘泥（ㄋㄧˋ）於對偶來創作賦，形成了句法更靈活的文賦。蘇軾的文賦成就很高，最著名的是前、後〈赤壁賦〉。賦中，從月色幽美，再到心情愉悅，最後引出超然物外的人生哲理，一氣呵成。

詩 ※ 樂觀曠達

蘇軾總是以對現實的批判為題材，寫出了很多有哲理的詩，而且流露出自己樂觀的精神。「菊殘猶有傲霜枝」、「春江水暖鴨先知」，讀起來總覺得很有道理，很鼓舞人。

詞 ※ 大膽開創

蘇軾大膽突破詞的題材，扭轉了詞的低下地位，豐富了詞的情感。「一蓑煙雨任平生」，〈定風波〉裡寫出的瀟灑，是蘇軾人格與魅力的寫照，後人也不斷從中汲取著精神上的力量。

※ 定風波
[宋] 蘇軾

莫聽穿林打葉聲，何妨吟嘯且徐行。
竹杖芒鞋輕勝馬，誰怕？一蓑煙雨任平生。
料峭春風吹酒醒，微冷，山頭斜照卻相迎。
回首向來蕭瑟處，歸去，也無風雨也無晴。

桐城派古文

唐宋古文運動對後人影響深遠，明代散文家則在復古和求新之間不斷追求平衡，產生了很多流派。至清代則誕生了更加嚴謹的桐城古文派。桐城派作家多達千餘人，稱雄文壇 200 多年。這一流派的主要作家方苞、劉大櫆（ㄎㄨㄟˊ）、姚鼐（ㄋㄞˋ）都是安徽桐城人，因此得名桐城派。

擅寫傳記的方苞

方苞寫人達到了出神入化的地步。在〈左忠毅公逸事〉一文中，他寫史可法喬裝打扮，冒險入獄探望左光斗，透過對形貌、動作、對話的描寫，唯妙唯肖地刻劃出左光斗身陷囹圄（ㄌㄧㄥˊㄩˇ）仍心繫國家大事的愛國情懷。

作文導師劉大櫆

劉大櫆博採古文大家的長處，悉心研究散文創作規律，總結了一系列的散文寫作方法，對桐城派的發展起了十分重要的推動作用。

言簡意豐的姚鼐

姚鼐是桐城派的集大成者，他提出寫文章要內容合理、材料確切、文辭精美，三者不可偏廢。他寫的〈登泰山記〉，語言簡潔，色彩鮮明，富有韻味，是膾（ㄎㄨㄞˋ）炙人口的遊記佳作。最令人讚嘆的是寫日出，簡簡單單幾十字，把日出時的瑰麗景色描繪得生動傳神，如在眼前。

※※登泰山記（節選）
[清] 姚鼐

極天雲一線異色，須臾成五彩。
日上，正赤如丹，下有紅光動搖承之。
或曰，此東海也。回視日觀以西峰，
或得日或否，絳皓駁色，而皆若僂（ㄌㄡˊ）。

※※延伸 新文學運動

清朝末年，黃遵憲等人領導了詩學革命。不喜歡桐城派的梁啟超也掀起了文學革命，寫出了語言更通俗、詞彙更豐富、感情更豐滿的新散文。

20世紀初，陳獨秀、李大釗（ㄓㄠ）、胡適、魯迅等反對文言文、提倡白話，掀起了**轟轟**烈烈的新文學運動，為中國文學開創了全新的局面。

中國古典小說和戲劇年表

中國古典小說萌芽於神話傳說。魏晉時出現筆記體的文言小說，在唐代融合多種文學方式發展成為傳奇小說，在宋代和說唱文學結合又產生了白話的話本小說，至明代則正式迎來了長篇章回小說的創作高峰。戲劇源於唐宋的說唱文學，南戲和雜劇兩大支脈經過不斷演變，在清代迎來了地方戲的繁榮。

中國古典小說，按語體可分為文言小說和白話小說，按篇幅可分為長篇章回小說和短篇小說。

楊衒之《洛陽伽藍記》
干寶《搜神記》
元稹《鶯鶯傳》
李朝威《柳毅傳》
王度《古鏡記》
《宣和遺事》

筆記小說 — 志怪小說 / 志人小說 → 傳奇小說 → 話本小說
講史話本

邯鄲淳《笑林》
劉義慶《世說新語》

小說年表

魏 晉 南 北 朝　唐

戲劇年表

講經文　諸宮調

40

中國文學流變圖（宋元明清）

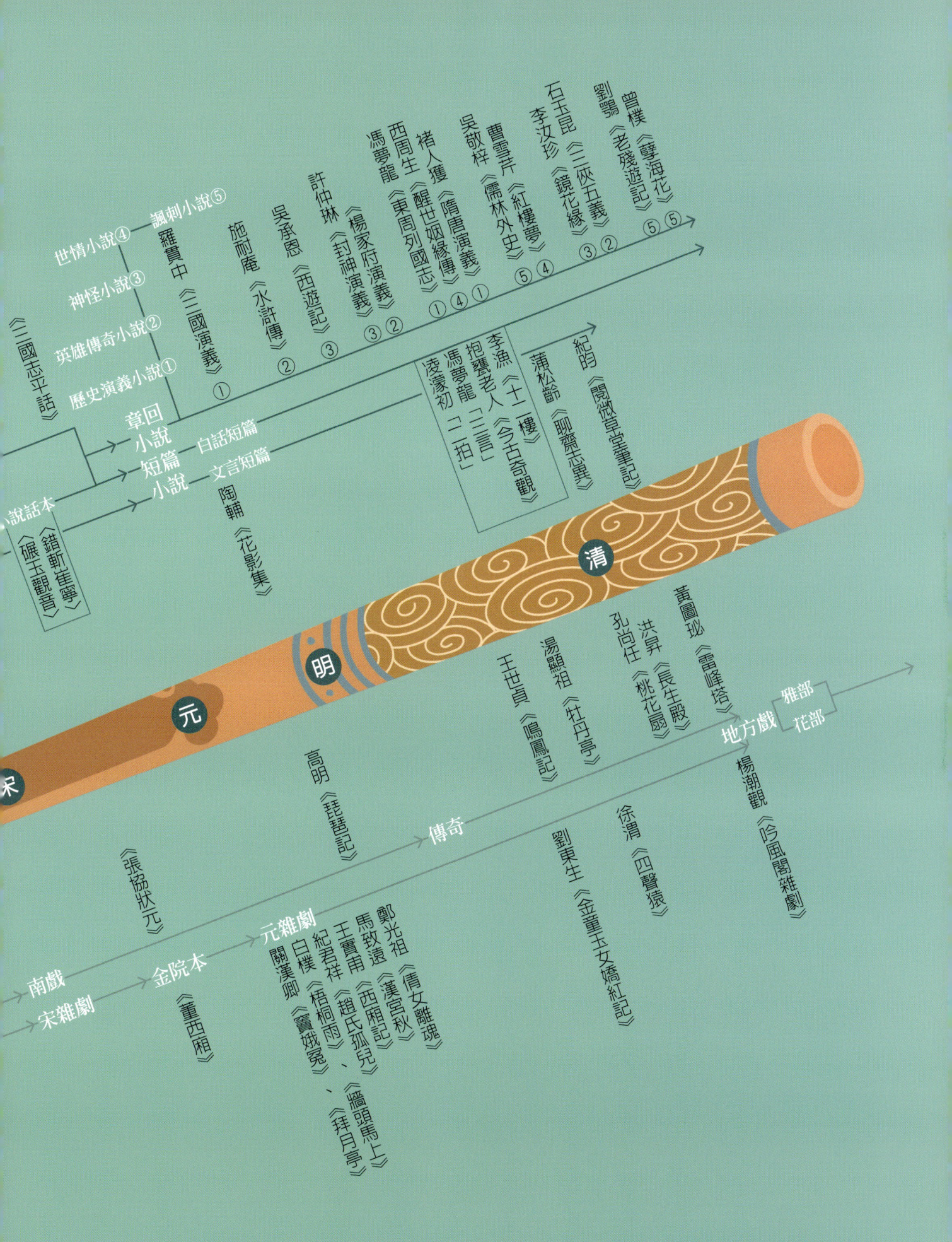

小說

- 《三國志平話》
- 歷史演義小說① — 羅貫中《三國演義》①
- 英雄傳奇小說② — 施耐庵《水滸傳》②
- 神怪小說③ — 吳承恩《西遊記》③
  - 許仲琳《封神演義》
  - 馮夢龍《東周列國志》
  - 西周生《醒世姻緣傳》①
  - 褚人穫《隋唐演義》④
- 世情小說④ — 曹雪芹《紅樓夢》②
  - 吳敬梓《儒林外史》
  - 李汝珍《鏡花緣》③
- 諷刺小說⑤
  - 石玉昆《三俠五義》
  - 劉鶚《老殘遊記》
  - 曾樸《孽海花》⑤

章回小說

短篇小說
- 白話短篇：馮夢龍《三言》、凌濛初《二拍》、抱甕老人《今古奇觀》、李漁《十二樓》
- 文言短篇：陶輔《花影集》、蒲松齡《聊齋志異》、紀昀《閱微草堂筆記》

話本小說
- 〈錯斬崔寧〉
- 〈碾玉觀音〉

戲曲

- 南戲 / 宋雜劇 → 金院本《董西廂》
- 元雜劇
  - 關漢卿《竇娥冤》、《蝴蝶夢》（《望江亭》、《救風塵》）、《拜月亭》
  - 白樸《梧桐雨》、《牆頭馬上》
  - 紀君祥《趙氏孤兒》
  - 王實甫《西廂記》
  - 馬致遠《漢宮秋》
  - 鄭光祖《倩女離魂》
- 《張協狀元》
- 傳奇
  - 高明《琵琶記》
  - 劉東生《金童玉女嬌紅記》
  - 徐渭《四聲猿》
  - 王世貞《鳴鳳記》
  - 湯顯祖《牡丹亭》
  - 孔尚任《桃花扇》
  - 洪昇《長生殿》
  - 黃圖珌《雷峰塔》
  - 楊潮觀《吟風閣雜劇》
- 地方戲 — 雅部／花部

宋 — 元 — 明 — 清

41

歷史演義小說和《三國演義》

明清時期，隨著市民群體的越發壯大，通俗故事有了廣泛的讀者，俗文學（詩文為雅文學）的代表小說和戲曲，迅速占據了文學舞臺的重要位置。**羅貫中**在明初寫的《三國演義》是最早出現的章回體長篇小說。

三國故事多麼精彩

《三國演義》大致分為天下大亂、群雄逐鹿、三國鼎立、三國歸晉4部分，描寫了從東漢末年到西晉初年近百年的歷史風雲。小說透過「七分寫實，三分虛構」，塑造了奸絕曹操、義絕關羽、智絕諸葛亮等一大批形象生動的人物。小說中的智謀描寫尤為出色，驅虎吞狼、蔣幹中計、草船借箭、空城計，故事引人入勝，家喻戶曉。溫酒斬華雄、單騎救主、大戰逍遙津、水淹七軍等武戲描寫，桃園結義、辭曹挑袍、舌戰群儒、刮骨療毒等文戲橋段，也都非常精彩。

※※ 好玩的三國歇後語

曹操敗走華容道——不出所料。
關公面前耍大刀——自不量力。
周瑜打黃蓋——一個願打，一個願挨。
諸葛亮草船借箭——有借無還。
張飛穿針——粗中有細。
司馬昭之心——路人皆知。

三國故事多受歡迎

《三國演義》在民間的影響力遠超於《論語》，這是因為人們在三國故事裡讀出了世道人心：對導致天下大亂的昏君賊臣的痛恨，對創造清平世界的明君良臣的渴慕，對仁義禮智信等美好品德的嚮往。《三國演義》數百年來受到廣大民眾的極大歡迎，大量演繹三國歷史的戲曲、評書、小說在市井中廣為流傳。到了現代，三國題材的小說、遊戲、影視劇、動漫、文創產品依然層出不窮。

草船借箭情景

※※《三國演義》是這樣誕生的

長篇小說《三國演義》不是一個作家獨立創作的，它的形成脈絡是這樣的：

晉代	史學家陳壽寫了史書《三國志》
南朝	史學家裴松之寫了很多三國奇聞軼事
隋唐	民間廣泛流傳三國故事
宋代	說話人說三國故事
元代	戲曲舞臺演三國戲
明代	羅貫中深度加工寫成《三國演義》
清代	毛綸、毛宗崗父子全面修訂評點《三國演義》

故事精彩的歷史演義小說

《三國演義》是歷史演義小說的開山之作。它取材於歷史，故事性強，通俗易懂，受到民眾的普遍歡迎。因此刺激了文人紛紛創作同類小說，歷史演義小說迅速流行起來，作品數以千計，其中《東周列國志》、《隋唐演義》較有特色。

※※章回小說的特徵

明清小說普遍為章回體。為便於閱讀，把長篇小說分成若干回，每回擬定一個對仗的標題統領全回。這種形式的小說為章回體，它來源於說書藝人需要分集講述長篇歷史故事的需求。每回開頭接上文，結尾則為下回做預告。

43

英雄傳奇小說和《水滸傳》

隨著小說的繁榮，小說的題材也開始多樣化。比《三國演義》成書稍晚的《水滸（ㄏㄨˇ）傳》，雖然也取材於歷史，但是**施耐庵**側重於寫人，講的是宋江等108位英雄好漢的故事，而且是用白話文寫的，非常貼近一般大眾，所以書問世後產生了巨大影響。

《三國演義》以史實為基礎，實多於虛，主要寫類型化的帝王將相。與之相比，《水滸傳》則虛多於實，主要寫個性化的梁山好漢。同樣武藝高強，林沖逆來順受，武松快意恩仇；同樣俠肝義膽，魯達豁達明理，李逵（ㄎㄨㄟˊ）直爽率真。

受《水滸傳》的影響，明清還有不少英雄傳奇小說，著名的有《楊家府演義》、《三俠五義》等，這些小說都塑造了不少深入人心的英雄形象。

※※ 有趣的水滸人物綽號

動物類：豹子頭林沖、玉麒麟盧俊義
身分類：行者武松、小李廣花榮
兵器類：雙鞭呼延灼、金槍手徐寧
外貌類：黑旋風李逵、青面獸楊志

林沖雪夜上梁山情景

魯智深倒拔垂楊柳情景

短篇小說的繁榮

明清兩代不但是長篇小說的繁榮期，還出現了「三言」、「二拍」等內容多樣的短篇白話小說集，《聊齋志異》更是將短篇文言小說推向了頂峰。

「三言」和「二拍」 ※白話文

明代中晚期，**馮夢龍**編著了短篇小說集《喻世明言》、《警世通言》和《醒世恆言》，總稱「三言」。隨後，**凌濛初**編著了《拍案驚奇》和《二刻拍案驚奇》，合稱「二拍」。這些作品與寫大人物的演義小說不同，它們主要寫街頭巷尾平民百姓的家庭、愛情及恩怨等「雜碎事」，表現他們的喜怒悲歡，是典型的市民文學。

〈聶小倩〉劍仙擒妖物情景

《聊齋志異》 ※文言文

清代初年，蒲（ㄆㄨˊ）松齡創作了文言短篇小說集《聊齋志異》，包括近500篇故事，多寫神仙、狐鬼、精魅，語言簡潔，情節荒誕，思想深刻，將短篇小說推到了空前的高度。其中一篇〈聶小倩〉，寫女鬼聶小倩受妖怪脅迫以色害人，卻不忍心害真君子甯（ㄋㄧㄥˋ）采臣，故事一波三折，透過精細的描寫，塑造出一個富有人情美的藝術典型。

神怪小說和《西遊記》

如果說《水滸傳》是把新增的「假」努力寫成「真」，那麼《西遊記》則是把唐代玄奘（ㄗㄤˋ）取經故事的「真」努力寫成「幻」，它虛構出徒弟孫悟空、豬八戒和沙悟淨等人物。在它的帶動下，興起了一股神怪小說的創作熱潮，大大豐富了小說的光彩。

不怕困難的孫悟空

引導我們大膽想像

《西遊記》創造了一個充滿奇思異想的世界：天宮光怪陸離，女兒國有女無男，金箍（ㄍㄨ）棒可長可短，芭蕉扇威力無比，人參果上萬年熟一次。這些超現實的場景，能激發我們的想像力，《西遊記》也因此深受小讀者喜愛。

※※《西遊記》裡的神通

七十二變：孫悟空、二郎神和牛魔王都會此法術，變化多端，可以防災。
袖裡乾坤：鎮元子的法術，用變大的衣袖把人物收入虛幻空間而難以逃脫。
法天象地：孫悟空和二郎神會此法術，施法者變化成與天地同高。
掌中佛國：如來佛祖的法術，可以將人物封印在手掌營造的幻境空間裡。

意志堅定的唐僧

陪伴我們大膽成長

我們可以把《西遊記》理解為幾個小男孩的成長故事。孫悟空就像我們玩伴中那個最調皮的孩子，渾身有著用不完的體力。但是他不怕困難，凡事總衝在前頭。豬八戒雖然有點好吃懶做，但是性格憨厚，性情溫和，大夥兒愛和他玩。沙和尚做事踏實，唐僧意志堅定。有這些人物的陪伴，我們的童年一定更精彩，我們的成長之路也有了更多學習榜樣。

百姓喜愛的神怪小說

明代中期，吳承恩的《西遊記》剛一問世，就贏得了百姓的喜愛，孫悟空的形象婦孺皆知，豬八戒也衍生出很多故事。這帶動了不少文人的創作熱情，出現了《封神演義》、《鏡花緣》、《濟公全傳》等小說，這些虛構的故事在傳播時少有限制，因而流傳極廣。

※※ 四大名著

明代有「四大奇書」的說法，指《三國演義》、《水滸傳》、《西遊記》和《金瓶梅》。現代中國另以《紅樓夢》取代《金瓶梅》，這四部長篇小說代表了中國古典小說的極高成就。

做事踏實的沙和尚

有點懶有點憨的豬八戒

諷刺小說和《儒林外史》

清代統治者對文人的思想言論嚴加管控，用功名利祿籠絡文人，令許多有志氣的文人痛恨。**吳敬梓**深受科舉考試毒害，目睹社會黑暗，寫了《儒林外史》這部長篇諷刺小說，描繪出科舉制度下讀書人群體的各種醜態，取得了極高的成就。晚清出現了《官場現形記》等4大譴責小說，都表達了對社會黑暗的不滿。

字如箭╳刻劃入神

《儒林外史》第二回一開始，作者就為我們描繪出了一個得意洋洋、愛吹牛皮的典型小吏形象──夏總甲。夏總甲「兩隻紅眼邊，一副鍋鐵臉，幾根黃鬍子，歪戴著瓦楞帽，身上青布衣服就如油簍（ㄉㄡˇ）一般，手裡拿著一根趕驢子的鞭子，走進門來，和眾人一拱手，一屁股就坐在上席」。透過這一簡潔的描述，夏總甲的身分、教養、性格躍然紙上。

范進中舉情景

筆如刀╳諷刺入骨

《儒林外史》第三回寫窮苦的讀書人范進屢次參加科考均不中，受盡岳父欺凌與羞辱。後來，范進終於中舉，因為太過歡喜而瘋癲，岳父在眾人的一再催促下，把范進一巴掌打醒，之後連連道歉，恭敬異常，更怕因為打了范進而死後下地獄。故事充滿諷刺，非常滑稽可笑。

世情小說和《紅樓夢》

明代後期，世情小說興起。這類作品大多寫現實社會和家庭生活，對人情世態做細緻描寫。到清代，**曹雪芹**寫的《紅樓夢》成了世情小說的巔峰之作，也是中國古典小說最偉大的作品。

賈政

《紅樓夢》第 23 回
賈政告訴寶玉等人可以入住大觀園的情景

賈寶玉　彩雲　金釧　繡鳳　繡鸞

※※曹雪芹年表

13 歲	※ 南京的家被抄，遷北京
18 歲	宗人府當差
30 歲	開始創作《紅樓夢》
38 歲	《紅樓夢》初稿完成
40 歲	移居北京西山，改稿
48 歲	※ 病逝

處處都是寶藏

《紅樓夢》以賈寶玉、林黛玉及薛寶釵 3 人的愛情婚姻悲劇為主線，講述了賈家及其親戚史家、薛家、王家 4 大家族的興衰榮辱。這部書把人物寫得形象豐滿，把生活寫得有聲有色，把文字用得爐火純青。更偉大的是，它吸納了詩詞歌賦各種文學體裁，融合琴棋書畫各種藝術知識，展示衣食住行各種生活文化，甚至中醫、古玩、工藝等各行各業，都寫得很真實。它就是個用之不盡、取之不竭的寶藏，各行各業的人都能從中獲益。

處處都有「謎語」

《紅樓夢》是一部「謎書」，比如書中很多名字都利用諧音隱藏著特殊含義。元（春）、迎（春）、探（春）、惜（春）四姊妹，她們名字中的四個字諧音是「原應嘆息」。妙玉諧音廟中之玉，暗示她是出家人。再比如：甄士隱──真事隱，王熙鳳──枉是鳳。

49

元雜劇

宋代雜劇演出非常活躍,但一般沒有成文劇本。到了元代,許多文人失去了科考做官的出路,掙扎於市井,專門創作雜劇劇本,元雜劇繁榮起來,成為了元代文學的代表,現存劇本名目就有 500 多種。

感人悲劇《竇娥冤》

關漢卿所著的《竇娥冤》,主人翁是孤苦無依的寡婦竇娥,因為地痞無賴張驢兒嫁禍她殺人,被昏官判處死刑。赴刑場是全劇的高潮。為表明自己冤屈,竇娥在刑場上指天立下三樁誓願:血濺白練不沾地、六月飛雪掩屍首、楚州大旱要三年。故事放在今天閱讀依然震撼人心。

竇娥刑場發毒誓情景

※※《竇娥冤》全文結構

楔子:竇天章以女抵債,上京應試。
第一折:蔡婆索債險遭暗算,張驢兒父子硬入其家。
第二折:張驢兒誤殺親父,嫁禍於竇娥。
第三折:刑場三樁誓願。
第四折:父為女平冤。

愛情喜劇《西廂記》

王實甫的《西廂記》是元雜劇的壓軸之作，劇中講述了書生張生與「相國」小姐崔鶯鶯在丫鬟紅娘的幫助下，衝破重重阻撓，終成眷屬的故事。這齣劇塑造人物非常成功，尤其是「紅娘」，成了「媒人」的代名詞。紅娘為人機智、潑辣，言語犀利又生動活潑。

鶯鶯張生夜會情景

西廂記（第二本第三折節選）
[元] 王實甫

〔滿庭芳〕來回顧影，文魔秀士，風欠酸丁。
下工夫將額顱十分掙，遲和疾擦倒蒼蠅，
光油油耀花人眼睛，酸溜溜螫得人牙疼。
注：此曲曲牌為滿庭芳，唱的是紅娘對張生形象的開心調侃（ㄎㄢˇ）。

元雜劇名家名作

雜劇四大家：關漢卿、馬致遠、鄭光祖、白樸。
四大喜劇：關漢卿《拜月亭》、王實甫《西廂記》、白樸《牆頭馬上》、鄭光祖《倩女離魂》。
四大悲劇：關漢卿《竇娥冤》、馬致遠《漢宮秋》、白樸《梧桐雨》、紀君祥《趙氏孤兒》。

元雜劇的特點

結構上，一部劇可以包含一本或多本，每本以「四折一楔子」最為常見。「折」相當於「幕」。
文字上，包括道白、唱詞、科介（動作說明）3種。每一折的唱詞採用套曲形式。
曲調上，套曲內包含數支至數十支曲子，均用同一宮調，且押韻。不同「折」的宮調不一樣。
內容上，主要描寫社會現實，揭露黑暗，表達美好追求。

明清傳奇

宋雜劇在南宋時分成南戲和北曲兩脈。早期的南戲只是歌舞小戲，唱詞也比較隨意。到了元末明初，出現一些高品質的劇本，南戲開始規範化，宮調也越來越嚴密，逐漸發展成傳奇。傳奇得名於故事多取自唐代的傳奇小說。

明傳奇※眾星拱月

明代中期，誕生了許多劇作家，傳奇取代了雜劇的地位統治了劇壇。著名的有三大劇《寶劍記》、《浣紗記》、《鳴鳳記》。明代後期，四大聲腔互相競爭，催生了以**湯顯祖**為代表的一大批劇作家，創造了大量高品質的劇本。

《長生殿》明皇貴妃月宮團圓場景

清傳奇※《長生殿》

清初，不少文人以寫劇抒情，讓傳奇繼續保持繁榮。**洪昇**的《長生殿》是最成功的傳奇之一，講述的是唐玄宗李隆基和貴妃楊玉環的愛情故事。洪昇別出心裁，在後半部分寫李隆基日夜思念楊玉環，楊玉環在織女幫助下登天成仙，也念念不忘與李隆基的愛情，感動了玉帝，恩准兩人到天上重逢，永世廝守。全劇包括 50 齣，8 萬多字。

清傳奇※《桃花扇》

清初作家**孔尚任**的《桃花扇》寫的是明末文人侯方域和秦淮歌女李香君的愛情故事。桃花扇是侯、李的定情信物，見證了二人的悲歡離合，反映了南明王朝的興亡。桃花扇還是推動劇情發展的道具。

專題｜劇作家湯顯祖

「似水流年」、「如花美眷」、「情不知所起，一往而深」，這麼美的詞句，你可知都出自一個人之手？他就是明末偉大的劇作家湯顯祖。他藐視權貴，敢於抗爭，最後棄官回家，創作了一系列謳歌「情」，追求個性解放的作品，是中國乃至世界文學的瑰寶。

「臨川四夢」，成就輝煌

湯顯祖的劇作，《紫釵記》中有「曉窗圓夢」的情節，《牡丹亭》中有「遊園驚夢」的情節，《南柯記》、《邯鄲記》兩篇故事也是夢——「南柯一夢」、「黃粱美夢」，又因為湯顯祖是江西臨川（今撫州）人，所以這四部精彩的傳奇又被稱為「臨川四夢」。

※※牡丹亭（第十齣〈驚夢〉節選）
[明] 湯顯祖

〔皂羅袍〕原來奼紫嫣紅開遍，似這般都付與斷井頹垣。
良辰美景奈何天，
賞心樂事誰家院。

《牡丹亭》柳夢梅遊園拾畫場景

因情而死，因情復生

《牡丹亭》寫官家小姐杜麗娘，在夢中邂逅書生柳夢梅，兩情相悅，醒來後思念成疾而死。她向閻羅王爭取到化作遊魂重返人間的機會，終於等來了柳夢梅，她隨即復活，二人結為夫妻。在她的努力和堅持下，他們的婚姻最終也得到了家長的認可。

附錄 收錄古詩文統計表

本書頁碼	文學主題		本書收錄的古詩文
10	詩經		蒹葭
11	楚辭		離騷
12	漢樂府詩		陌上桑
13	建安詩歌		**曹操**：觀滄海
14	陶淵明詩		歸園田居、飲酒
	謝靈運詩		登池上樓
16	其他詩		**謝朓**：詠竹詩
18	唐詩	初唐	**李嶠**：風
		盛唐	**王維**：山居秋暝
			李白：獨坐敬亭山
			杜甫：絕句（兩個黃鸝）
			王之渙：登鸛雀樓
		中唐	**白居易**：琵琶行
		晚唐	**李商隱**：嫦娥
22	宋詞	北宋	**李清照**：如夢令
			蘇軾：水調歌頭（明月幾時有）、定風波
		南宋	**辛棄疾**：破陣子・為陳同甫賦壯詞以寄之

本書頁碼	文學主題		本書收錄的古詩文
24	宋詩	北宋	**王安石**：元日
		南宋	**盧梅坡**：雪梅
			楊萬里：稚子弄冰
26	元散曲		**馬致遠**：天淨沙・秋思
			張養浩：山坡羊・潼關懷古
32	漢賦		**司馬相如**：上林賦
34	唐宋散文		**歐陽修**：醉翁亭記
			韓愈：馬說
38	桐城派古文		**姚鼐**：登泰山記

國家圖書館出版品預行編目（CIP）資料

整理時間軸，跨領域讀國學 / 錢斌，周國寶著.
-- 初版 .-- 臺北市：五南圖書出版股份有限公司, 2025.04
　　面；　公分
ISBN 978-626-423-257-9(平裝)

1.CST：國學　2.CST：中等教育

524.31　　　　　　　　　　114002297

ZX3L

整理時間軸，跨領域讀國學

作　　　者	錢　斌、周國寶
編輯主編	黃文瓊
責任編輯	吳雨潔
文字校對	溫小瑩、盧文心
封面設計	封怡彤
內文編排	張巧儒
出 版 者	五南圖書出版股份有限公司
發 行 人	楊榮川
總 經 理	楊士清
總 編 輯	楊秀麗
地　　址	106 臺北市和平東路二段 339 號 4 樓
電　　話	（02）2705-5066　　傳　真：（02）2706-6100
網　　址	https://www.wunan.com.tw
電子郵件	wunan@wunan.com.tw
劃撥帳號	01068953
戶　　名	五南圖書出版股份有限公司

法律顧問：林勝安律師

出版日期：2025 年 4 月初版一刷
定　　價：新臺幣 350 元

中文繁體版通過成都天鳶文化傳播有限公司代理，由中國輕工業出版社有限公司授予五南圖書出版股份有限公司獨家出版發行，非經書面同意，不得以任何形式複製轉載。